AF339986

MANUEL NATIONAL

POUR LA DURÉE DE LA GUERRE

LA PATRIE EST DÉCLARÉE EN DANGER

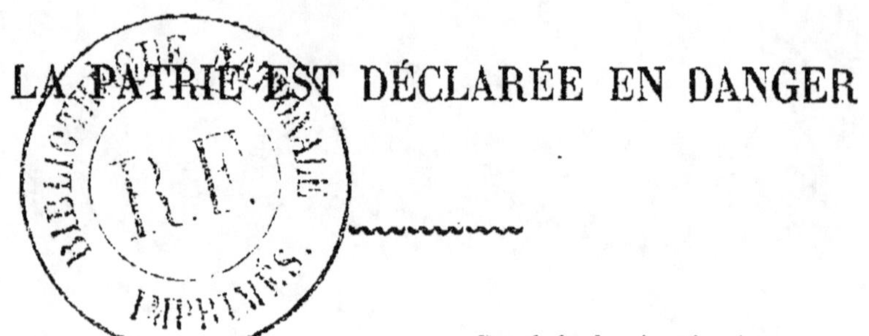

Parfois le destin frappe
comme la foudre !

PRIX 30 CENTIMES.

PARIS

Chez DUMAINE, éditeur, rue Dauphine ;
GARNIER, frères, Palais-Royal, Et rue Thouin, 6,
près le Panthéon.

1870

MANUEL NATIONAL

POUR LA DURÉE DE LA GUERRE

La Patrie est déclarée en danger

Parfois le Destin frappe comme la Foudre !

Jamais grande nation ne fut plongée aussi précipitamment , aussi pitoyablement dans un abîme effroyable.

La France peut-elle sortir victorieuse de la lutte ? — Oui—..., à condition qu'elle va retremper son moral pendant vingt ans dégradé, surtout dans les hautes régions. Elévation signifiait presque toujours avilissement.

Nos pertes sont immenses! il dépend de nous qu'elles ne soient pas mortelles. Pour réparer nos désastres et notre honneur compromis par un Gouvernement félon, prévaricateur, la République, qui nous sauva déjà il y a quinze lustres, doit d'abord employer les moyens suivants :

Remettre en honneur les vertus civiques ; exécuter rigoureusement les lois de la guerre, ce qui ne se fait pas, en ce moment de péril, à l'égard des traîtres, des lâches, des turbulents qui aspirent au pillage, des accapareurs et des marchands fripons; puis faire disparaître les ivrognes, non moins nuisibles et dangereux que les précédents, attendu leur grand nombre et qu'ils sont capables de toutes les bassesses, ne respectent rien, mettent le désordre partout, vendraient leur pays pour une tonne de vin, et fuient devant l'ennemi.

Les traîtres sont, en première ligne, les partisans du régime déchu qui correspondent avec l'ennemi, les indisciplinés auxquels la patrie a confié des armes, puis ceux qui *glissent*, avec une apparente bonhommie, que nous n'avons plus de moyens de résistance, qu'une capitulation est devenue une nécessité, etc., etc...... Tous les lâches font partie de cette dernière catégorie. Les accapareurs et les marchands fripons, les propriétaires odieusement rapaces, qui louent à des prix exorbitants, ne valent pas mieux que ceux qui désirent le pillage. Toutes ces classes de misérables concourent singulièrement à l'affaiblissement du pays, et jouissent cependant d'une tranquillité assez grande, sous notre Gouvernement provisoire parfaitement honnête et rempli de patriotiques intentions. Mais si nous voulons triompher promptement de nos malheurs, de la honte, il faut de toute nécessité, que ce gouvernement, qu'on accuse, à tort, de lenteurs, se décide à remplir entièrement les fonctions de Comité de salut public énergique : hors de là, la nation tombera dans une dégradation complète.

Il s'agit ici ou d'être vaincus, esclaves, déshonorés, ou d'être victorieux : or, il n'y a point de ménagement à garder envers les misérables et les coquins que nous venons de signaler, car ils ont déjà fait un mal sérieux qui pourrait devenir irréparable. Il n'est plus temps de se raviser lorsqu'on est perdu. L'indulgence intempestive peut produire le même mal que la trahison ; sans l'énergie de 93 la France était perdue.

Voilà les plaies que le gouvernement de la République peut faire disparaître, pour se faire bénir et rendre son nom impérissable !

Point de meurtres, ils déshonorent les meilleures

causʒ. Mais de la justice rigoureuse, inexorable ! Qu'on ne se fasse pas illusion, tout ce qui porte atteinte à notre cause, peut nous précipiter au fond de l'abîme ! Oui, notre situation est telle, que l'indulgence intempestive est un crime envers la patrie !

Pour se relever, il faut que la France s'immortalise encore une fois par l'équité, par son génie et son courage ; soyons justes et déterminés! et le ciel sera juste pour notre cause !

Voilà pour un premier point, passons à d'autres.

Nous l'avons déjà dit, la situation est encore sombre ; elle peut s'éclaircir, et même prendre un nouvel éclat en ne commettant point d'imprudence.

Nous avons à choisir entre le déshonneur et des chaînes, entre la liberté et la gloire.

Nous triompherons si nous mettons en action cette grande maxime : *L'union fait la force.*

Nous serons victorieux si notre patriotisme égale celui de 93.

Il faut cesser la routine ; il faut étonner ! plus on est déterminé à vaincre, plus on a de chance de succès.

Il faut que chaque citoyen compte énergiquement sur lui-même ; que des moindres classes, des chaumières, il sorte encore une fois des soldats invincibles, des héros ! Voila comment nous représenterons de nouveau, dans une révolution, la justice et la foudre ! Voila comment nous marcherons à la délivrance des nations qui sont sous le joug des despotes qui dépensent des centaines de millions pour satisfaire leurs moindres caprices, leur dépravation, pour parader et poursuivre des chimères, ou exécuter des guerres d'extermination, de ces despotes qui se font même un jeu constant des souffrances, de la liberté et de la vie de leurs propres sujets!

D'ici à peu de temps, la France sera morcelée et déshonorée, ou encore une fois la première nation du monde.

Nous aurons des moments difficiles et rudes à passer, nous saurons les surmonter; rappelons-nous cette énergique vérité :

« Lorsqu'on veut illustrer ses pas, avec le calme il
« faut faire divorce; la liberté et la gloire ne se don-
« nent pas, elles veulent qu'on les prenne de force! »

L'Amérique du Nord et la Suisse, les deux pays les plus libres et les plus heureux du monde, ont su s'affranchir du despotisme, pourquoi la France ne le saurait-elle pas?

La France en république mettrait tous les vingt ans dix miliards de plus dans ses coffres.

Aujourd'hui pour réussir à la guerre, surtout dans la situation où nous sommes, et avec les nouvelles armes, une discipline aussi intelligente que sévère est de toute nécessité ; pas de discipline sérieuse, pas de victoire persistante, et finalement la défaite.

Le défaut d'instruction militaire est presque aussi terrible que le manque de discipline; du courage, des épaulettes ou des galons ne suffisent pas pour commander. Or, les neuf dixièmes de nos jeunes chefs improvisés n'ont pas encore l'instruction guerrière nécessaire, et ce qui agrave cette situation, c'est que les cinq sixièmes d'entre eux perdent un temps précieux dans les cafés et les estaminets. En continuant, quand viendra le plus grand moment du danger, ils pourraient trouver la défaite au lieu de la victoire, la honte au lieu de la gloire.

Lorsque des chefs sont braves et instruits, ils commandent avec fierté, avec aplomb, et les soldats obéissent aussi avec fierté et sans hésitation. C'est surtout dans les circonstances difficiles que les qualités des chefs se font sentir ; les soldats les suivent partout, s'ils sont à la hauteur de leur mission ; s'il y a absence de mérite essentiel, le contraire arrive.

Il existe un Manuel national, qu'on trouve partout (notamment chez Dumaine, éditeur, rue Dauphine, Garnier frères, Palais Royal, et 6, rue Thouin, près le Panthéon), intitulé : *Études et Tableaux de la Vie Militaire*, avec lequel on peut en apprendre plus en cinq jours, qu'en sept ans de présence sous les drapeaux, et chose bizarre, il est à peine connu de nos nouveaux défenseurs.

Nous devons dire ici que les gardes mobiles qui nous sont venus de la province inspirent la plus grande confiance et la plus vive sympathie aux habitants de la capitale ; l'honnêteté et le courage sont écrits sur leur figure ; ils ont déjà l'air de troupes [illegible] à certains braillards et ivrognes qui ont étourdi et inquiété Paris au début de la guerre ; ces perturbateurs fanfarons auront le verbe très bas au moment des grandes actions, s'ils s'y trouvent.....

Le corps de la garde nationale sédentaire est disposé, comme toujours, à donner des preuves de dévouement et d'héroïsme, nous l'avons remarqué partout, et la France n'a pas oublié ce qu'elle lui a dû dans maintes circonstances mémorables. Ce grand corps d'élite, comme ceux de l'armée fournit de tout, infanterie, cavalerie, artillerie, génie, etc., etc., et l'exemple qu'il donne est à la hauteur de sa réputation.

Maintenant signalons encore quelques côtés faibles de notre position.

N'est-il pas étonnant que dans une capitale formidablement fortifiée, qui renferme 500,000 combattants énergiques, on soit bloqué, par deux ou 300,000 ennemis? Est-ce que cela ne fait pas mal de voir que l'on se tienne, *de nuit*, presque toujours sur la défensive avec de telles forces.

Avec un système d'attaque de nuit, spécial, bien conçu, bien étudié, et vigoureusement exécuté, une armée de 800,000 Prussiens entourant Paris ne pourrait approcher de nos fortifications sans subir à chaque instant des échecs sérieux, et après quinze jours d'action serait exténuée, démoralisée et en retraite.

On semble oublier que malgré le nouvel armement, qui a égalisé les forces d'homme à homme sur le champ de bataille, le maréchal Mac Mahon a tenu toute une journée contre trois corps d'armée dont les forces dépassaient six fois les siennes, et nous restons bloqués !...

Les demi-mesures forcées produisent parfois de

bien tristes résultats. Cependant le gouvernement est composé d'hommes résolus à marcher héroïquement ; mais ils ne peuvent avancer qu'autant que l'instruction guerrière se trouve à la hauteur des besoins.

Pourtant jusqu'à présent on s'est vaillamment défendu ; mais ce n'est pas seulement la défense qu'il faut employer, c'est aussi de l'attaque terrible, de nuit, sur plusieurs points à la fois, qui jeterait l'épouvante dans les rangs de l'ennemi : changer le système de guerre est possible. La Prusse veut notre anéantissement ; rendons-lui une guerre à outrance ; mettons nos valeureux soldats dans la possibilité de pouvoir déployer toute leur intrépidité en paralysant l'effet supérieur des canons Krupp ; aussi l'action des mitrailleuses et d'une mousqueterie qui arrête notre impétuosité ; alors nous verrons si l'art annulera le courage. C'est ainsi que nous pourrons nous débloquer pour nous ravitailler, faire notre jonction avec nos armées de l'intérieur, dont une vient de chasser l'ennemi d'Orléans, puis tendre la main aux héroïques populations qui se soulèvent intrépidement.

Que chaque citoyen s'ingénie pour l'attaque

comme pour la défense ; faisons aussi une guerre d'embuscade et de partisans, et de ce formidable faisceau d'action sortira la victoire !

Nos armes ont subi des défaites terribles, qui, faute encore d'union ou d'ensemble, peuvent se renouveller. Nous devons nous tenir énergiquement en garde contre une augmentation de revers. Dans notre position, chaque homme de cœur doit se présenter intrépidement sur la brèche pour remonter avec éclat les degrés descendus : la France ne doit compter que sur elle-même, pour réparer ses malheurs. Sachons imiter Rome, qui, au temps de son éclat ne signait jamais la paix sur son territoire. Repoussons des secours humiliants, qui nous coûteraient des sacrifices immenses, des traités de commerce désastreux, des obligations d'interventions déplorables dans l'avenir en enchaînant notre liberté, ce qu'il faut éviter à tout prix.

L'alliance Franco-Russe, que certains journaux mettent en avant, n'est qu'un leurre, une perfidie pour nous endormir ; jamais exécution ne fut moins possible, le rétablissement de la Pologne et le main-

tien de l'empire Ottoman, séparent invinciblement
la France et la Russie.

Seuls, une innovation extraordinaire, un nouveau
genre de combat une détermination héroïque, une
activité sans précédents et un gouvernement hors
ligne, peuvent nous tirer promptement de la situation
où nous sommes. Arrière les traîtres et les lâches ! —
Arrière les timides, les incapables et les stationnai-
res ! Arrière surtout la presse pusillanime et perfide,
c'est une vipère qu'il faut écraser !

Tout système de guerre où l'audace, l'impétuosité et l'attaque à l'arme blanche se trouvent comme maintenant presque entièrement paralysées par l'action des armes à feu, enlève à l'armée française la principale partie de sa force.

Pourtant, par une révolution dans la tactique, le courage français peut être encore le principal agent de la victoire. Nous l'avons dit, une étude, des essais préparatoires seraient nécessaires, peu de jours (6 ou 7), suffiraient pour les terminer.

Par ce moyen, nous pourrions compenser l'infériorité numérique de nos combattants et de notre artillerie.

La tradition des moyens employés par nos troupes dans la guerre d'Afrique pour vaincre les Arabes, aussi intrépides que rusés, et d'autre part les ressources mises en usage en Crimée contre les Russes, parfois si entreprenants et si tenaces, seraient d'une grande utilité pour réaliser un système que nous allons envoyer à la Commission de défense nationale, n'ayant pu parvenir à le présenter, d'abord, en raison de sa nature, au Président du Gouvernement et au ministre de la Guerre.

Je m'attends à voir contre ce système, les routiniers, fléau des armées, ainsi que les hommes qui entendent mal la guerre, les traitres, les âmes faibles et les lâches ; mais après un examen attentif, il sera accueilli par tous les hommes de cœur intelligents. Nous le publierons quand nous croirons pouvoir le faire sans danger ; nous l'avons déjà annoncé dans une brochure intitulée : *La paix armée, la guerre, la paix réelle* (chez Dumaine, éditeur, rue Dauphine, et rue Thouin, 6, près le Panthéon).

Pour l'exécution de notre système, cinq choses sont indispensables : 1· une instruction spéciale, facile à acquérir (en 5 ou 6 jours); 2· de l'audace prudente, 3· de l'intrépidité calme; 4· une discipline sévère. Nous ne pouvons quant à présent, indiquer la 5e condition.

Ajoutons que dans notre situation nous devons éviter les grandes batailles. Mais il faut nous livrer avec ardeur aux attaques de nuit, en faire une étude spéciale et une application énergique (une semaine d'étude suffirait). De jour nous ne devons attaquer que les petits corps isolés, les éclaireurs, les convois mal escortés ou dans des défilés (1).

Qu'on y prenne garde, la confiance de l'ennemi augmente à l'approche du reste de ses forces qui s'avancent ; s'il venait à affamer Paris, notre situation deviendrait des plus critiques, avec les traitres que la capitale renferme encore.

Il n'y a pas que ce danger à craindre, si nous montrions de la faiblesse.

Les Prussiens ont établi sur plusieurs points, autour de la capitale, des batteries formidables (2), pour exécuter un bombardement dans le cas où la disette n'opérerait pas assez vite. Ils feront tous les efforts possibles pour entrer dans Paris, n'importe comment pour le piller et le dévaster dans le cas où ils ne pourraient pas s'y maintenir, tout le pays étant soulevé.

L'ennemi fût-il au cœur de la France, avec des

(1) Avec une armée aussi nombreuse et aussi instruite que celle de la Prusse, il faut toujours après un succès se défier des retours offensifs.

(2) Ne pas aller les détruire serait une faute qui pourrait avoir des conséquences terribles.

attaques de nuit spéciales, bientôt harassé, mutilé, désorganisé, il repasserait la frontière, en entendant partout le tocsin et les coups de feu des populations exaspérées.

Les fortifications de Paris, contre lesquelles on s'est tant élevé, nous rendent un immense service ; nous devons une profonde gratitude à l'illustre citoyen, cause de leur construction: son patriotisme et songénie ont su prévoir. Lorsqu'on croyait tout perdu, ces remparts formidables ont permis aux intrépides habitants de la capitale et à une fraction de l'élite de la nation, accourue au secours de la grande cité, d'affronter d'immenses périls (le fer, le feu, la captivité, la guerre civile, une maladie contagieuse, la famine !) ont permis, disons nous, d'arrêter une armée victorieuse, immense et barbare ; puis, sous un chef taillé sur un héroïque modèle, grand par le cœur et par ses nobles qualités militaires, sous un ministre de la guerre digne de ce nom, homme d'équité, de fer et d'action, sous un orateur illustre, ministre, et d'autres citoyens grands par vingt ans de courageuses luttes politiques, aujourd'hui à la hauteur d'une immense et effrayante mission, ont permis à

la patrie, sous une étreinte terrible, presque sans espoir, de prendre une défense qui amènera la victoire.
Voilà ce que dira l'histoire, de l'illustre auteur des
fortifications de Paris et de ses héroïques défenseurs.

La France, avec ses jeunes combattants improvisés,
avec quelques débris d'une armée vaincue, ses vo-
lontaires et ses gardes sédentaires sans expérience de
la guerre, insuffisamment armés et équipés, ayant à
se défendre contre 1200,000 soldats allemands par-
faitemant organisés et gonflés par des succès inouis,
la France, disons-nous, avec un pied dans l'abîme,
est en voie de se faire une nouvelle réputation qui
l'emportera sur l'immensité de ses désastres.

L'ennemi comptait sur nos dissensions, snrtout à
Paris, pour nous écraser complétement ; son espoir
est déçu ; son moral commence à baisser, et il fusille
déjà pas mal des siens qui font défection, ne voulant
plus se battre.

Les pertes faites par ce barbare et infâme ennemi
sont déjà énormes ; il n'oserait pas les avouer. Conti-
nuons à supporter nos fatigues et nos privations avec
héroïsme, redoublons de courage pour hâter notre
délivrance et porter la guerre au-delà du Rhin !

Certes si l'on consultait, sur la possibilité de notre nouvelle tactique, les chefs intrépides, les zouaves et tous les autres braves qui ont figuré en Afrique, à Sébastopol, en Chine, en Italie, au Mexique, etc., il y aurait uneréponse vigoureusement affirmative.

Honorer le courage et le mérite est un devoir pour la patrie ; la République se montrera grande pour récompenser les actions héroïques personnelles de ses enfants ; la gloire d'un immense et terrible devoir accompli, l'acclamation et l'estime publiques récompenseront la masse (1).

(1) Nos troupes qui étaient à Orléans viennent d'être forcées de l'évacuer, chose à laquelle on devait s'attendre, vu les forces considérables que l'ennemi pouvait porter sur ce point ; il a dû faire des pertes énormes, puisque nos troupes étaient retranchées, et qu'elles se sont défendues valeureusement pendant trois jours. Il résulte de ce fait que notre situation est ce qu'elle était avant la prise de possession de la ville, et que l'ennemi a dû affaiblir sérieusement ses forces par un succès très coûteux. L'Allemagne ne saurait nous vaincre si nous restons unis. Nous sommes sur notre sol ; redoublons de courage, et la victoire couronnera nos efforts !

ATTAQUES DE NUIT, PAR LES DÉFENSEURS D'UNE VILLE BLOQUÉE OU ASSIÉGÉE

Dans les villes bloquées ou assiégées, on peut exécuter des attaques de nuit de plusieurs manières, en voici une :

Pour l'exécuter, il faut d'abord posséder les conditions que nous avons indiquées à la page 17.

Les hommes de troupes appelés à ce genre d'action doivent être pris parmi les plus intelligents, les plus intrépides et les mieux disciplinés.

Les forces des assaillants, appelés à faire feu, doivent déborder les ailes du point que l'on veut attaquer. Des corps d'observation doivent être placés sur les flancs, afin d'éviter qu'ils ne soient tournés. Un corps de soutien doit également être disposé en arrière du corps d'attaque.

Tout ce qui peut être prévu doit l'avoir été parfaitement, tels que les signes de reconnaissance, etc.

Lorsque les troupes d'attaque ont exécuté leur coup de main, c'est-à-dire culbuté l'ennemi, et s'il y a des batteries, pris ou encloué les pièces et détruit les ouvrages, et si elles ne gardent pas la position, elles doivent se retirer en bon ordre, en se défiant des retours offensifs, et les corps d'observation rentrer par les portes latérales.

Les corps doivent alterner pour les sorties, afin d'exciter l'émulation ; ils doivent être placés sous les ordres de chefs aussi prudents qu'énergiques, possédant toute la confiance des troupes. A la tête des armées de Paris, avec des généraux comme les Trochu, Leflot, Vinoy, Ducrot et d'autres qui ont déjà fait leurs preuves autour de la capitale, nos vaillants défenseurs, avec de la prudence, n'auront désormais que des succès à enregistrer.

Dans ses fuites l'ennemi peut être harcelé par les intrépides comme des soldats, les francs-tireurs, et les habitants des campagnes.

Nous n'avons pas parlé dans ces deux pages des moyens spéciaux à employer dans nos attaques de nuit ; on comprend pourquoi.

Avant de terminer ce manuel, nous allons signaler trois défauts, tous trois aussi dangereux qu'affligeants.

L'armée française, malgré sa brillante valeur et ses autres qualités, était encore, tout récemment, entachée de trois côtés faibles. Nous allons les rappeler, afin qu'ils soient évités désormais.

Cette armée a toujours renfermé un grand nombre d'hommes mal disciplinés, ou indiciplinables, ce qui portait atteinte à sa considération en temps de paix et l'exposait parfois à sa perte en temps de guerre.

De plus, cette armée, dont la bravoure est citée dans le monde entier, était sujette aux paniques : à côté de l'extrême valeur, l'extrême faiblesse !

A la guerre, les paniques consistent à se sauver devant l'ennemi, sans être le moins du monde attaqué; on fuit devant une attaque ou une poursuite imaginaire. Elles prennent ordinairement naissance dans l'imagination des traitres et des lâches, mais elles entraînent, malgré eux, les hommes ordinairement solides; ils sont maîtrisés. Tout le monde fuit, parceque quelques misérables en ont donné le signal.

Nous avons indiqué, dans l'opuscule intitulé: *La paix armée, la guerre, la paix réelle*, le moyen d'affranchir nos soldats de ce honteux danger.

Nous nous bornerons à ajouter ici qu'une panique peut faire perdre une bataille, et qu'une bataille perdue peut déshonorer et faire démembrer une nation.

Le troisième des défauts en question, c'est l'ivrognerie, qui a progressée d'une manière effrayante depuis vingt ans. Nous voyons, en ce moment dans la capitale (sans doute avec l'argent que les Prussiens y font passer) un spectacle aussi dangereux que révoltant, celui d'une foule d'hommes ivres, battant les murailles, avec un uniforme et des armes qu'ils déshonorent. Si l'on n'y met pas ordre, cet état de choses nous sera funeste; il faut absolument que l'autorité et les hommes de cœur se donnent la main pour l'arrêter.

Qui dit lâche, indiscipliné ou ivrogne, dit traître à la patrie.

CONCLUSION.

En attendant trop longtemps pour exécuter des attaques spéciales, de nuit, dans toutes nos armées, nous pouvons retarder de plusieurs mois notre délivrance et perdre ainsi encore deux ou trois cent mille hommes.

Malgré d'affreux désastres et des pertes immenses, il reste encore à la France plus de trente millions d'habitants, des ressources infinies, son patriotisme, la noble et énergique attitude des généraux à la tête de nos vaillants combattants, et plus de quinze cent mille citoyens armés pour lui faire reprendre sa place.

Dans cette situation, où chacun doit sentir le sang bouillir dans ses veines, accepter les prétentions du comte de Bismark serait une défaillance inouie ; qui donc voudrait encore être Français après une telle lâcheté ?.... la France vaincue, humiliée, démembrée par une puissance qui ne la vaut pas, ne serait plus digne du nom de nation, elle deviendrait la risée des autres peuples ; elle tomberait dans le plus profond mépris. Mais si l'ancienne Gaule, qui fit trembler Rome au temps de sa grandeur, puis extermina, à Poitiers, l'armée innombrable des Sarrazins terrifiant la chrétienté, si la nation qui maîtrisa, en ce siècle, l'Europe coalisée, remua le monde si profondément à tant d'autres époques, si la patrie qui était encore hier la première de la terre est déterminée à vaincre ou à périr, elle remontera rapidement au faîte de la splendeur !

ANNEXE.

Possibilité de la formation d'un Empire d'Orient et de toutes les Russies; d'un Empire d'Occident, au profit de la Prusse, puis d'un Empire des deux Amériques, pour les États-Unis.

Nous allons dire en quelques lignes avec toute la simplicité possible, comment ces trois empires pourraient être formés.

On ne connaît encore dans le public qu'une partie des prétentions de la Prusse à notre égard ; celles exprimées par le comte de Bismark, qui nous ont révoltés, n'étaient qu'une feinte. Cet astucieux diplomate savait bien que nous les refuserions avec indignation, ce qui l'a beaucoup réjoui, attendu que la majorité de l'Allemagne veut pousser la guerre à outrance (elle s'est prononcée à cet égard) pour se dédommager triplement des sacrifices qu'elle a faits pour nous envahir.

Pour donner satisfaction à tous les petits États entrés en lutte, qui veulent s'agrandir en assouvissant leur haine, le roi Guillaume prendrait de la France, jusqu'à la Loire, si nous étions complétement vaincus. Qui donc l'en empêcherait? — Ce ne serait pas la Russie qui ne peut réaliser son rêve le plus cher (Constantinople) qu'avec l'alliance de la Prusse, chose convenue depuis longtemps : « A vous l'empire d'Occident, à moi celui d'Orient. Il n'y a pas d'autre moyen pour abattre la puissance et l'orgueil de la France ! »

Voilà, d'une part, l'état des choses.

Si la France succombe dans la lutte immense engagée en ce moment, voici ce qui pourrait arriver :

La Prusse s'emparerait de la Hollande, de la Belgique, de la Suisse, du Dannemark, et plus tard, d'une partie de l'Autriche, ce qu'elle pourrait faire, malgré le patriotisme de ces États.

La Russie s'emparerait d'abord de Constantinople, puis peu à peu de la Grèce, des provinces danubiennes, en attendant autre chose.

L'Angleterre ferait des représentations, on passerait outre ; elle se fâcherait, elle montrerait les dents : la Russie lui rirait au nez ; Albion ferait des démonstrations avec sa marine ; la Russie, qui est au mieux avec les États-Unis, qui détestent aussi l'Angleterre, la Russie, disons-nous, demanderait aux Américains d'entrer dans le conflit, lesquels ne se feraient pas prier pour satisfaire leur ardent désir d'abattre leur rivale commerciale. Pour remercier les États-Unis de leur concours, la Russie et la Prusse les aideraient, s'ils en avaient besoin, à débarrasser le continent d'Amérique des gouvernements européens qui y possèdent des territoires, ce qui mettrait pas mal de gouverneurs sans place.

Par suite de la guerre, l'Angleterre perdrait l'Inde et l'Irlande; son commerce serait tué; ses fabriques ne marcheraient plus; de là, disette, misère, mécontentement, émeutes, puis révolution; et comme l'aristocratie anglaise possède presque tout l'or et la fortune territoriale du pays, on la chasserait, cette aristocratie qui, jusqu'ici, a su si bien faire ses affaires en exploitant les ouvriers; le peuple se constituerait en république solide, car il ne manque pas de républicains capables dans ses rangs.

Dans cet état de choses, l'Autriche serait fort embarrassée; la Hongrie, la Bohême, la Croatie lui donneraient plus que de l'inquiétude; elle tremblerait à la pensée d'une attaque de la Prusse, qui aurait un œil de panthère sur elle.

Quant à l'Italie, (sans finances), pour la paralyser, la Prusse et la Russie replaceraient le roi de Naples, et tous les autres petits princes dépossédés.

Nous n'avons pas parlé de l'Espagne qui, sous plusieurs rapports, est dans la même position que l'Italie.

Nous venons de mettre en quelques lignes ce qui demanderait un volume.

Enfin, un matin le monde serait réveillé par l'annonce d'un empire d'Orient et de toutes les Russies ; d'un Empire d'Occident au profit de la Prusse, et d'un Empire des deux Amériques, créé par les Etats-Unis.

Toutes les autres puissances danseraient comme des marionnettes au gré des trois dominateurs.

Voilà la situation que pourraient amener certaines puissances par leur incurie, leur défaillance, puissances qui se piquent d'être profondément politiques et qui ne savent pas prévoir.

Le gouvernement anglais, par sa haine et sa jalousie séculaires, si son désir se réalise, laissera écraser la France autant que possible (en frappant sur lui-même), sera cause de sa propre perte, ainsi que de l'asservissement des nations imprudentes ou pusilla-nimes qui ne voient pas clair et restent l'arme au bras, en attendant leur aplatissement.

Mais si de ces Etats en danger, celui qui possède Rome se rappelait son immense grandeur, Gênes et Venise ; si l'Espagne se souvenait de ce qu'elle fut sous Charles-Quint ; si l'Autriche se montrait ce qu'elle a été sous Marie-Thérèse ; la Suède, ce qu'elle fut sous Charles XII ; la Hollande, ce qu'on la vit du temps de Ruyter ; le peuple belge, ce qu'il fut contre César ; la Saxe, vassale de la Prusse, ce qu'elle fut du temps de Charlemagne ; la Suisse, ce qu'elle a été à l'époque de Guillaume Tell ; si tous ces Etats avaient aujourd'hui le bon sens et le courage de s'allier à la France, la justice et le calme régneraient à jamais dans les deux mondes, sans perturbation sérieuse possible.

C. D.

Paris. — Imprimerie Moquet, rue des fossés-s-Jacques 11